Pangolín

Grace Hansen

ANIMALES ASIÁTICOS

Abdo Kids Jumbo es una subdivisión de Abdo Kids
abdobooks.com

abdobooks.com

Published by Abdo Kids, a division of ABDO, P.O. Box 398166, Minneapolis, Minnesota 55439.
Copyright © 2023 by Abdo Consulting Group, Inc. International copyrights reserved in all countries.
No part of this book may be reproduced in any form without written permission from the publisher.
Abdo Kids Jumbo™ is a trademark and logo of Abdo Kids.

Printed in the United States of America, North Mankato, Minnesota.

102022

012023

Spanish Translator: Maria Puchol

Photo Credits: iStock, Minden Pictures, Shutterstock, ©User:Shukran888 p.5/CC BY-SA 4.0,
©Ms. Sarita Jnawali of NTNC – Central Zoo p.5/CC BY 2.0

Production Contributors: Teddy Borth, Jennie Forsberg, Grace Hansen
Design Contributors: Dorothy Toth, Pakou Moua

Library of Congress Control Number: 2022939373

Publisher's Cataloging-in-Publication Data

Names: Hansen, Grace, author.

Title: Pangolín/ by Grace Hansen.

Other title: Pangolin. Spanish

Description: Minneapolis, Minnesota: Abdo Kids, 2023. | Series: Animales asiáticos | Includes online
    resources and index.

Identifiers: ISBN 9781098265359 (lib.bdg.) | ISBN 9781098265939 (ebook)

Subjects: LCSH: Malayan pangolin--Juvenile literature. | Insectivores--Juvenile literature. | Scaly
    anteaters--Juvenile literature. | Rain forest animals--Juvenile literature. | Asia--Juvenile literature. |
    Endangered species--Juvenile literature. | Spanish language materials--Juvenile literature.

Classification: DDC 599.31--dc23

Contenido

Hábitat del pangolín

Existen alrededor de ocho especies diferentes de pangolín. Cuatro de ellas viven en Asia. Se las puede encontrar por toda India, China y en otras partes del continente.

pangolín indio

pangolín chino

China

India

Bangladesh

Myanmar

Tailandia

Laos

Camboya

Vietnam

Malasia

pangolín filipino

pangolín de Sunda

Indonesia

5

Los pangolines viven en bosques y praderas. Algunas **especies** duermen en la tierra o en **madrigueras**. Otras especies en árboles.

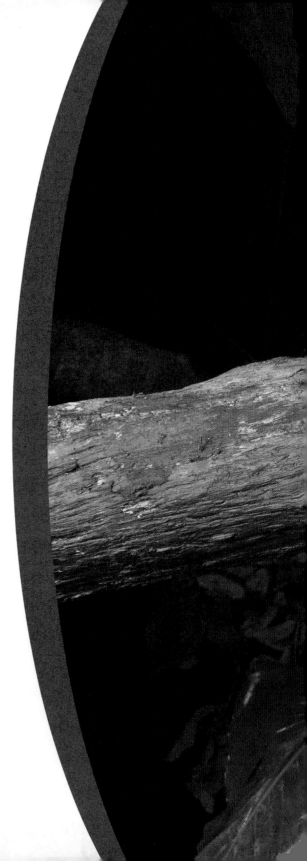

Cuerpo

La mayoría de los pangolines son de un tamaño pequeño. Pero algunos pueden llegar a crecer hasta 4 pies de largo (1.2 m).

El pangolín está recubierto de escamas. Estas escamas varían en color, desde el amarillento al café oscuro.

Las escamas protegen al pangolín del peligro. Si se siente amenazado se enrolla como una pelota. También puede defenderse rociando un mal olor.

13

Caza y alimentación

El pangolín tiene mala vista, pero lo compensa con un sentido del olfato y el oído muy buenos. Usan esos sentidos para buscar alimento.

Las garras de los pangolines son muy poderosas y el hocico es largo. Todo esto les ayuda a escarbar y poder comer hormigas y otros insectos.

Crías de pangolines

El pangolín pasa la mayoría de la vida solo. Sólo se juntan con otros pangolines para tener crías.

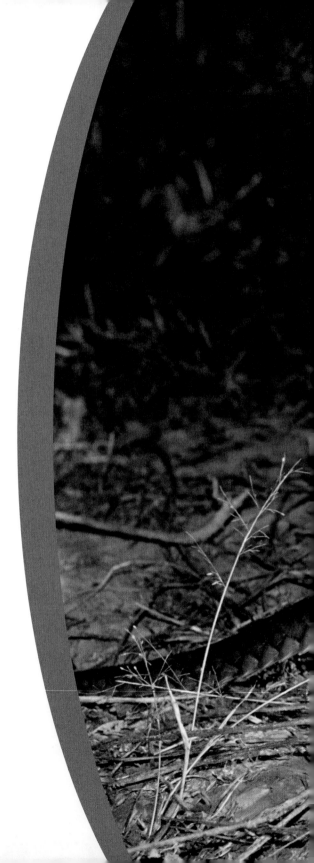

Las crías de pangolín sólo pesan 1 libra (450 gramos) al nacer. Se quedan en la **madriguera** hasta que son lo suficientemente grandes para salir. Un joven pangolín se sube a la cola de su madre mientras ella caza.

Más datos

- Las escamas de los pangolines están hechas de queratina. Las uñas de los humanos también son de queratina.

- Los pangolines pueden cerrar las orejas y la nariz para no dejar entrar a las hormigas mientras ellos están comiendo del hormiguero.

- Los pangolines se parecen a los osos hormigueros y a los armadillos, incluso actúan como estos animales. ¡Sin embargo, están más emparentados con los perros, los gatos y los osos!

Glosario

especie – grupo de seres vivos que se parecen entre sí y pueden tener crías con los semejantes, pero no con los de otras especies.

hocico – parte delantera de la cabeza de un animal y de la que sobresale. Incluye la nariz, la boca y la mandíbula.

madriguera – agujero o túnel excavado por ciertos animales con el fin de hacerlo su hogar o lugar de escondite.

23

Índice

Abdo Kids
ONLINE
FREE! ONLINE MULTIMEDIA RESOURCES

¡Visita nuestra página **abdokids.com** para tener acceso a juegos, manualidades, videos y mucho más!

Los recursos de internet están en inglés.

Usa este código Abdo Kids
APK5966
¡o escanea este código QR!